支援者なくとも、自閉っ子は育つ

親子でラクになる！34のヒント

こより 著
栗本啓司＋浅見淳子 聞き手

花風社

支援があれば
支援があれば
支援があれば
発達凸凹の人たちは
生きやすくなると
主張された時代が続きました
そして支援者のもとに行くと
様子を見ましょう
……で終わり
ぼーぜん
ママー
途方にくれるお母さん
一方で支援つながれなかった
こよりさん
でも……
この子たちは
「どこか
不器用である」
とわかった
ジュ～
ジュ～
老人の面倒を見る
忙しい日々の中
何と代わりばんこに
４人みてました！

合間にお子さんと
田んぼのあぜ道歩いたりして
「不器用さ」を
治していったお母さん
その結果
お子さん　立派に育ち
行ってきまーす
今や二人とも働く大人
お母さんにお小遣いくれて
母さん東京へ行くの？
はい
うん♪
ありがと
お母さん　楽隠居
支援機関につながらなくてよかったと思います
なぜ？
支援より大事な◎◎を大切にしたいから
その〇〇とは何か？
さあ！ページをめくっていきましょう

支援者なくとも、自閉っ子は育つ　目次

1 支援者を探すより、大事だったこと

浅見 考えてみればこよりさんとも、ずっと前からのおつきあいですね。賢ママさん、というハンドルネームで活動していらしたときから。

こより そうですね。

そのときから賢ママさんの子育て話はとても興味深くて、皆さんの参考になる智恵が詰まっていて、とても伝えたい情報がいっぱいあったんです。でも、たんなるスーパーお母さんの手柄話みたいに受け取られると、読んでいじける人もいっぱいいるんですよね。いじけるだけじゃあ、かわいそうだし、役に立ててくれないかもしれないし、どうやったら賢ママさんの智恵が皆さんの子育てのヒントになるか考えて、まず『自閉っ子のための道徳入門』の一章を担当していただいたりしました。「他人に迷惑をかけない子に育てる　その他人には親も含まれます」っていうタイトルでね。あれは反響を呼びました。

上のお子さんは学習障害、下のお子さんは知的障害を伴う自閉症、ですけど、迷惑をかけないどころか、今は親孝行息子に育ちましたね。それで、賢ママさんもママ業を引退されて、こよりさんになった。

ママ業は卒業。楽隠居しています。子どもにお小遣いをもらって。

凸凹特性のある二人のお子さんがお二方とも会社員になられてお小遣いくれるなんて、凸凹キッズを育てている現役のお母さま方にとっては理想のかたちなんですけど、じゃあどんな優れた支援者に巡り合ったかというと……実はこよりさん、支援らしい支援は何も受けてきませんでしたよね。

無理でした。老人を四人介護していましたから。

そうですよね。

療育に通う時間もお金もありませんでした。

十年ひと昔と言いますが、十年くらい前は「もっと支援があれば」の掛け声が大きかったと思うんです。もっと支援があればああなってこうなってこの子たちは生きやすくなるだろう、という夢を見ていた時代。でもその後支援がそれなりにできてきて、どうなったかというと「あ、支援ってあってても大したことないな」ってわかってきた時代だっていう面があるんですね、今は。一方で支援とはつながらなかった人、あるいは途中で支援を切った人がうまくいっている。こよりさんもそのケースですよね。

療育センターに通っている方は周囲にもいました。でも楽しくなさそうだし、第一うちの子たちが身につけている身辺自立が身についていない。嫁いで二十八年、ずっと老人を介護していましたし、お金も豊富にあったわけではない。時間的にも金銭的にも療育に通う余裕はありませんでした。

四人介護に二人の凸凹キッズの子育て。頭が下がります。その途上で、せめてご主人の協力は得られましたか？

夫は子育てにも介護にも無関心です。でも、それを不満にも思いませんでした。この人はそういう人だ、と受け止めていたから。介護も子育ても一人でしたが、そういう中でもやれることはありました。おかげで息子たちは立派に育ってくれて、今はラクをさせてもらっています。孝行息子たちです。それも、小さい時から修行をしたからです。日々の修行は報われます。結局は、親がラクになります。今はそれを広める活動をしています。

・支援がなくても、支援者が役に立たなくてもできることはたくさんある。
・そして成果が出る。

2
凸凹特性に気づく（のに支援者は不要だった）

それではこよりさんの場合は、なぜ支援がなくても大丈夫だったのか、子育ての道中をたどっていきましょう。

まず、のちに「障害」とカテゴリー分けされることになる発達の特性と遅れに気づかれたときのことをおききしたいと思います。

一応診断名としては、上のお子さん（現会社員）は知的障害の伴わない学習障害、そして下のお子さん（現会社員）は知的障害の伴う自閉症スペクトラムという診断ですね。

はい。

それに気づいたのはいつごろだったんでしょう？　そしてどのように気づいたんでしょう。

まず上の子からお話ししますね。

おかしいと気づいたのは、身体面です。まず、はいはいしなかったんですね。

はいはいは発達にとってとても大事なプロセスなのですね、栗本さん。

栗本　そのとおりです。

はいはいしないだけではなく、おもちゃを持たせると投げます。私の目には、つかんでいられなくて落とすように見えました。でも一歳半の検診に行くと大丈夫だと言われるんです。だけどどう見ても、ものをきちんとつかんでいない。手が弱い。集中力がない。それに、小刻みに首を振ります。てんかんじゃないかな、と思いました。

なんでそんなに知識があったんですか？

知識と言うよりカンでしょう。子育てする上でのカン。

カンですね。初めての子なんだけど。

それが母性のカンなんです。頭じゃなくてカン。なんかおかしい、と母性があると気づくんです。

私自身、妹とも弟とも年が近くて子守をしたわけじゃないし、保育士のように多くの子を見ていたわけじゃありません。それでも何かおかしいとわかったのは、自分の生んだ子だからです。

よくお母さんの心配しすぎですよ、とか言われるっていうお話をよく聞きますが、お母さんだからわかることもあるんですね。

そうです。

とにかく、何かがおかしいとわかったんです。それで病院に連れていって、「おもちゃを落とすんです」とか「首を振るんです」とか言って診てくださいと言っても「大丈夫だ」と言われるだけ。大丈夫じゃないから診てくれと言ったら脳波取ってくれて「異常は出ていません」と言われる。知能面での発達はいい。でも小学校に入ると字が書けないんです。それで、やっぱりこの子なんかあるんだ、と。

そうしたら、小学校四年生で倒れたんですね。先生は貧血ではないかと言ったんですが、「倒れる前のことは覚えている?」ときくと「覚えていない」と言うんです。これは絶対てんかんだと思いました。病院に行って検査しても、異常波はないと言われます。

そこで大きな病院に行って徹底的に調べてもらったら、小さい異常波が一時間に数百ありました。小さいから普通の医者は見落とすくらい小さいのが数百。つまり、しょっちゅう意識が飛んでいる状態です。そこから薬のんで何年かして治りました。一歳半のとき気づいていたら大発作を起こさずにすんだのに、「ヤブ医者め！」と思いました。

「何かおかしい」とわかるのはカンであって知識じゃないんです。でもそれが欠けている人が多いんですね。子育てができる身体になっていないまま親になっていたりするのが現代ですから。子育てって本来は、動物的な力ですからね。

動物的なものを大事にしなきゃいけないんですね。人間以前の「生き物としてのカン」が大事なんですね。それを育むのもまた、親支援なのかもしれませんね。そのためにはお子さんだけではなく、親御さんにも栗本さんが提唱しているような身体アプローチはすごく大切ですね。身体を賢くするために。

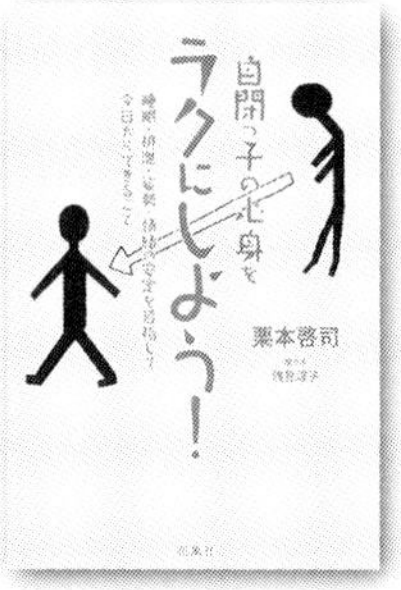

『自閉っ子の心身をラクにしよう！』

『芋づる式に治そう！』

じゃあ次に、下のお子さんの凸凹特性に気づいたきっかけを教えてください。

生まれてすぐに母乳をのませました。そうすると次にミルクとか湯冷ましとかをあげても、絶対口を開けないんです。とにかく頑として母乳しかのまない。そして生まれてすぐ布おむつをしました。でも病院が紙おむつの試供品をたくさんくれるので使ってみます。そうすると大泣きします。いやなのかなあこれ、と思って取って布おむつにすると黙ります。「ああ、この人これいやなの？」と気づきました。生後何日目かで、最初に入ったものしか受け付けない、ニキ・リンコさんのおっしゃる「先着一名様」しか受け付けない体質だとわかりました。それで、もしかして自閉かなあ、と。

たしかに、「最初に入ってきたものしか受け付けない」、っていう性質は自閉っ子の中にありますが（参考図書『自閉っ子におけるモンダイな想像力』ニキ・リンコ＝著）、それが自閉のせいだってなんでわかったんですか？　まだ知識の行き渡っていなかった時代に。

私自身、自分で変だと思っていたから。

ご自分のことを変だと思っていたんですね。大人になって「アスペルガー症候群」の診断が出ましたけど、こよりさんは自閉文化圏の方ですよね。

はい。自分でも違和感があったから、手がかりを求めて、十二歳のときに図書館の端から端まで本を読んだんですね。自閉症の子を育てたお母さんの手記とか。まあ、基本的には「この子がこういうことして困った」という愚痴の本なんですけど、私がやっていることと同じなんです。それで、ああ私も自閉症なんだ、とわかりました。

そして生まれた子の特徴をみて、ああこの子も自閉症だとすぐにわかったんです。偏食すごいし、寝ないし。これは自閉だ自閉だ、と思って医者に言うと、「何言ってるんですかお母さん」とか言われる。声かけても振り向かないのに、さっと音がすると起きる。聞こえているけど人の声がわからない。呼ばれていても興味がないから無視。興味があるとぴくっとする。幼児の聴覚検査って、「なんとかちゃーん」と言うと振り向くか振り向かないかをみたりする。それで、聞こえていないんじゃないか、とか言われたんですけど、聞こえているよこの人、って思いました。じゃなきゃ夜中に起きて泣かないでしょ。

たしかに。それは母親だからわかることですね。

でも音に反応がないから連れて行ってまた検査して、何回目かで反応して。「聞こえていますわ」って。だから聞こえているんだって。「聞こえているのに反応しないのがおかしくないの？」って思って、そちらを問題にしてほしかったんですけど、「でも聞こえているんだからいいでしょ」と。

耳の検査だから。耳だけ聞こえていれば終わりだったんですね。なるほど。縦割り行政と同じ縦割り検査。

でも結局のちに自閉症の診断がついたでしょ。だけど周りは「大丈夫」と言うわけですよ。耳は聞こえています、とそれでスルー。上の子のときも下の子のときも病院とか保健師とか当てにならないのがよくわかりました。

当てにならない、ってものすごく最初のうちにわかったんですね

母性としてのカンとお医者さんたちが言っていることが違う、って最初のころからわかりました。

だって「この子てんかんじゃないか」と私が疑ってから十年経って、やっとてんかんという診断がついたんですよ。言ったじゃん、って思いました。医者っていうのは当てにならない。保健師さんも。だから学校の先生もそうだろうし保育園の先生もそうだろう。みんなみんな当てにはならないだろう。自分以外の人は当てにならない。

それが最初にわかったんですね。

専門家より母親のカンの方が当たっていることは確実にあると思います。

・発達特性は、身体に出る。
・専門家の知識より、母親のカンの方が当たっていることもある。

3 障害があるかもしれないけど怖くなかった理由

でもまあお母さんたちは、「なんかちょっと違うんじゃないの?」って気づくことが多いみたいですよね。でもそこで否定したい気持ちが入るでしょ。怖いから。でもこよりさんは、恐れる気持ちなかったでしょ?

なかったですね。

どうしてでしょう?

こういう人だから、と思ったから。

たとえばよそのおうちの子がメロンだとしたら、うちの子はなすとかトマトだったわけで、メロンにしなきゃというよりは、じゃあトマトをどう育てていけばいいか、が大事な問題です。育て方が違うでしょう。稲だったら水がすごくいるけれど、稲じゃないのに水やりすぎたら根腐れしちゃう。

だから、うちはうちの育て方をしていけばいいので、よそではメロンがもてはやされていようがどうでもいい。うちの子なりに育ってくれればいい。よその子と違うとわかったんだから違うなりに育っていってくれればいい、そう思ったからですね。

ご自身が周囲との違和感を抱きながら育ったのと関係ありますか？

そうそうそう。自分ではみんなと違うと思うのに、なんでも「みんなと一緒に」と言われましたからね。それが気持ち悪かった。でもうちの子どもたちは違うんだからそれなりに育てばいい。違ってもいい。と思いました。ショックとかはありません。ただ、こういう子なんだ、と。

こよりさんご自身は親御さんにそのように理解されていましたか？

されていませんでした。「ちゃんとやれー」と言われていました。妹と比較されて「なんであんたはできないの？」とか学校の先生にも言われていました。「みなさーん」と言われても自分がみなさんとは思っていなくてぼーっとしていて「なにやってんの！」、と引っ張られたり。

そうよねえ。あのね、これから発達障害のことがどんどんわかっていって、それこそ見る人が見れば寝返りの仕方ひとつで「あ、この子違う」と気づく時代になっていくと思うんですよ。どんどん早期に見つかるようになると思うの。でもそこで絶望するんじゃなくて、「トマトはトマト」って思えるようだといいですね。

私がさんざんメロンになれと言われたから。メロンじゃないのよ、って思ってきたから。

それと、はっきりと「障害」とかじゃなくても、「この子は不器用みたいだ」、「この子は呼ばれても返事しない」、とか、そういうことを一つ一つ日常生活の中で対応していくような工夫が広がればいいと思うし、その工夫が発達そのものに効果があることをみんなが知るようになるといいなと思います。

- **障害と考えるのが怖ければ、特性ととらえるといい。**
- **特性には対処していけるし、改善もできる。**

4

自閉の人に向いている社会での在り方　一案

こよりさんがお子さんの持っている「他の子の違うところ」をあっさり受け入れられたのは、自閉圏の人の強みかもしれません。自閉圏の人って、現実の受け入れ能力が定型発達の人より高かったりしますもんね。ご高齢のお身内四人の介護をやりとげられたのも、その能力を発揮したっていう気がします。

「自閉症を活かす」っていうとすぐ、天才方面に発想が行く人が多いみたいなんだけど、こよりさんをいつも見ていると、昔の農家の嫁みたいに淡々と務めを果たすのに、自閉症であることって有利に働くような気がします。案外、昔の農家の嫁みたいな人生って、自閉症の人にとって幸せなんじゃないかなと思うことがあります。

そう思いますね。一年のサイクルと今日のサイクルが決まっていると安心です。

今は前時代的なものとして忌み嫌われる嫁としての義務とか、子どもを産み育てて舅姑に仕えて、みたいな定まりきった運命をあまり過酷に思わずに生きていける人たちではないか、という気がするんですよね。

きちんとできる人たちですよね。

そう。そういうことが本来向いているのに、今ってそういう平凡なポジションがあまりなくなっちゃったというか、あるけど評価されないというか。目立つことやんなきゃいけないとか特別な自分でいなくてはいけないみたいな風潮があるから、自閉症の人が生きにくくなったんじゃないかなあ、と思うことがあるんです。

これだけ自閉症の人が何世代もサバイバルしてきたっていうことは、どこかに居場所があるはずなんだけど。こよりさんみたいに「他人から見ると大変な面もあっても本人としては幸せ」っていうポジションがあったんじゃないかな。ちんまりと幸せなポジション。それが案外、自閉圏の人には向いているような気がするんですよ。

時間決まっているでしょ。朝起きてご飯作って洗濯して赤ちゃんにお乳やって畑行ってじいちゃんばあちゃんの面倒見て。全部決まっていて夜はお針仕事して。それに優先順位も決まっているでしょ。じいちゃんばあちゃんの言うこと聞いて夫の言うこときいて子どもの世話をして、みたいな。過酷に見えても次から次へとやること決まっている生活はラクに感じたと思いますよ。

・決まり切った日常を生きる、というのも能力である。
・自閉圏の人は（実は）その能力に恵まれているかもしれない。

5 生活の中にこそ発達を促す動きがある

そしてそういう様々な作業をしているうちに、生まれ持った身体の不器用さは軽減されてきたかもしれないと思います。

それも面白い発想ですね。現代の身体の使い方だと、生まれ持った身体の不器用さがなかなか修正されません。まず、しゃがまないし。その点農家の生活はフルに使うでしょ。ところが今のコンピューター社会だとよけいに頭使ってしまって、自閉圏のように活動が頭に偏りがちな人、頭でっかちの人はより頭でっかちになる。身体を使わなきゃいけない生活はバランスがよかったかも。

そうなの。天才方面だけじゃなくちんまりと自分のやることが決まっていた人生って結構合っていたんじゃないかと思うの。合っていたし、発達しやすかったんじゃないかと思うの。理屈だけじゃなく、大脳皮質だけじゃなく、脳をフルに使うから。脳が発達

脳の三層構造

するって、大脳皮質より上だけが発達することではないでしょ。哺乳類の脳、爬虫類の脳も含めて、脳全体が発達することでしょ。

・脳が発達するとは、大脳皮質より上だけが発達することではない。

6 家族が最初の社会

まあこよりさんの場合、そうやってご自分で気づきを得てトマトはトマトとして育てようとなさったわけですね。でも外から見ると結構過酷な状況ですよね。嫁いで二十数年間介護しっぱなし。四人の高齢者介護、そして二人の凸凹キッズの子育て。だんなさんは別に介入せず。四人、ってどなたがいらしたんですか？

主人の母、主人のおじいちゃん、主人のおばあちゃん、主人の父と看取りました。主人の父が去年亡くなって介護が終わりましたけど、女手がだんだん亡くなったから大変でした。繕い物やなんかもどんどん増えて。

目の回るような忙しさですね。その一方でメロンじゃないらしいお子さんの子育てがあって。

そう。メロンじゃないんだし、トマトでいいしなすでいい。ただ、子どもがなんかひっくり返しておじいちゃんたちが文句言ったら「ごめんなさい」と言います。そして子どもには「ここ入ってはいけないよ」と伝える。言葉で通じないうちには身振り手振りとかで伝える。とにかく、おじいちゃんおばあちゃんのところには入ってはだめというところから教えました。

大家族だからそこがもう社会だったんですね。

社会です。おじいちゃんおばあちゃんルールを先に覚えさせないといけません。そこからしつけです。

社会性を育むにはいい環境ですね。大家族は大変だった。でも大家族だからいいこともあった。

核家族だと「まあ家の中ならいいや」になって壁に穴開けようと何しようと放っておくかもしれませんね。

でもお年寄りは理解しないですよね。障害とか。理解しないお年寄りも、子育てには役に立つのですね。

・家族は最初の他人。
・時には「身内の理解のなさ」が社会性を育む宝物となる。

7

パニックを真っ先に防げるのは母親のカン。カンを磨こう

それに壁に穴が空いたら現実暮らしが困るからやらせたくありません。だから「きー」となる前に止めました。きーとなるのはカンでわかるから。今なんかおかしいぞ、とか。みんなそれがわからないから爆発してから対応するみたいですね。私はその前に対応するんですけど。

「きー」となる前に、たとえばどんな風に対応されますか?

お茶のましたり、外に連れて行ったり。なんかおかしいなというのはカンとしか言いようがないですね。

そう。泣いたら遅いんです。それを事前に察知するのはカン。

そろそろおむつとか、そろそろおなかが空いているとか。

そうかあ。そういう事前対応って、ビジネスシーンだとわりと普通にやっていることじゃないかな。状況の変化を読んで、事前に対応して、そして試行錯誤を繰り返すのね。それは子育てでも大切なことなんですね。なるほど。

・パニックには事前に対応するのが一番。事前対応に一番必要なのは親のカン。カンを磨こう。

8

生き物としての感覚を大事にする

そして先の流れを読むカンが働く、って結局「頭でっかちじゃない」っていうこと。大脳皮質より上だけじゃなく、その下の生き物としての脳も賢い、っていうこと、「本能が発揮されている」っていうことですよね。ここで神田橋條治先生の『精神療法面接のコツ』から一節を引用させていただきます。

＊　＊　＊　＊　＊

十数年が経ち、後輩を指導することが多くなり、あのエピソードを思い出すことが多くなっていた。ある日、車にはねられ恐らくすでに息絶えている猫に、もう一匹の猫が寄り添うようにして、しきりに舐めている光景に出会った。その時に分かった。他者の不幸に寄り添い救けようとする性向は、哺乳動物にあらかじめ付与されている天然のパターンである。外界の一定のサインにより内在するパターンが賦活されるようにセットされているのである。ヒトの場合も事情は同じであるに違いない。そうした天然自然に由来する救助活動が精神療法のルーツである。その意味での精神療法は、人類発祥よりも古くからすでに在った。ところが人はいろいろな理由で、知恵を育てるとともに、動物と共有する天然のパターンを不活性化してきた。それゆえ、精神療法と呼ばれる対人活動を行うには、まず天然のパターンを活性化するところから始めなければいけない。

（『精神療法面接のコツ』神田橋條治＝著　岩崎学術出版社　13ページ）

まあ神田橋先生の場合にはお医者様なので精神療法という対人活動をされるわけですが、お母さんになったら子育てという対人活動をするわけでしょ。そのとき、哺乳類としての本能ってとても大事な気がするんですね。

＊＊＊＊＊

ところが今は「療育」とか「支援」とかの名のもとに、かえってその本能を削ぐような主張が多いですよね。とにかく子どもの成長を期待するな、みたいなことを言われる。子どもが人間である前に「障害児」という別の生き物だから知識をもって接しないと子育てを失敗する、みたいに言われる。そして、それを真に受けてしまっている人も多い。人類が生き物として存続してきたのは、より高みを目指して努力を続けてきたからなのに、自分の子どもには、それを望むなと言わんばかりのことを支援者と呼ばれる人たちがまず親御さんの頭に叩き込んだりする。だから、絶望から始まってしまう。

そしてこよりさんのおうちの息子さんたちが孝行息子に育ったのは、支援を受けなかった分、こよりさんが母としての本能を発揮するのを誰も邪魔しなかったところにあると思うんです。それが十年前からこよりさんの子育てに感銘を受けながら、支援が量的にはそれなりに行き渡っているけれども質的に追いついていない今の時代になってようやく、この本を作ろうと思った動機です。

もちろん全員が全員じゃないけど、支援の現場では、生き物としての本能を押し殺すようなことばかり聴かされる。頑張らせてはいけないとか。でも、頑張っている人を見て感動するのは生き物として自然でしょ。なのにその自然な感情を押し殺すようなことばかり支援者が言う。その点支援を受ける余裕がなかったこよりさんは、「支援の害」を受けないで済んだと思うんです。

生き物としての本能を、頭でっかちになると忘れちゃうんですよね。そしてこよりさんの場合、最初から子育ての目標があったでしょ。

・支援の場で否定されがちな「生き物としての本能」を大事にしよう。

9 子育ての究極の判断基準は「普通にしたい」じゃなく○○

はい。子育ての目標は最初から決まっていました。

・人に迷惑をかけない（親もそこに含む）

・親がいなくなっても生きていけるように働いてもらう

それは子どもがふにゃふにゃのときから、今は大変だけどそれが目標だ、とはっきりさせていました。

なんで？

私がいなくなっても生きていけないと死んじゃうから。

それが生き物としてのまっとうな感覚ですよね。

普通はその手前の発想をしちゃうんですよ。

手前って？

生きるか死ぬかじゃなくて「普通にしたい」とか。生死のことまで考えない。

でも究極は生死ですよね。

最初はそう。そこから始まっているでしょ、こよりさんの観察は。生死のための観察。

そう。子育ての究極の目標は生かしておくこと。親がいなくなっても生きていけるようにすること。だからまずは、睡眠・排泄・食事。この三つを押さえないと。それがなんとかなっていないのに、親の会活動とかなんとかメンターとかやっても仕方ないと思うんですよ。でも不思議なことに、そこをひと手間省略して他の活動に熱心になる人も多いですね。

・子育ての究極の判断基準は生死。

10

親にもできる！社会に溶け込むようにする工夫

たとえば一人でキャンプに行かせたいと言いながら最低限の睡眠さえ確立させていない人がいます。でもそれはおかしい。私は障害児キャンプがあったとき、自分の子は参加させたけれど、夜、連れて帰りました。みんなが寝てから連れて帰ってみんなが起きる前に連れて行きました。

なんでそんなに面倒なことをあえてしたんですか？

そのころは眠れなかったし、よそのトイレが使えなかったんです。そこで失敗してパニックを起こしたら二度と行かなくなる。ただみんなの前で連れて帰ると「僕も帰る～」とよそのお子さんに言わせてしまうから、こまめに送迎しました。

でもそこまでの思いをするのなら行かせたくないという人も多いでしょ。

でも経験値として積ませたかったんです。そしてそれをやっているうちに一年後、二年後には行けるようになるわけだから。

なるほど。

一年後、二年後にはみんなと一緒にご飯食べて寝ることもできるようになるんです。そうしたら連れて行って「お母さんここまでね、バイバイ」でいいでしょ。

そこまでやるのはいやだけど、「眠れない子は預かれません」とか支援者が言うと「支援者のバカヤロー」と支援者を責める方面に行く人もいるわけですよ。でもこよりさんの場合、そこまでやっても経験として積ませておきたかったのね。それが一年後、二年後に生きるから。

そう。近所の子ども会とかも、人嫌いでパニック起こすから行けなかったけど、一応「子ども会というのがあってあなたに案内が来ているのよ」とは教えました。じゃあ行こうと言ったら「いや」というから入り口まで行って「こんにちは」だけ言って。そして「帰る？」ときくと「帰る」と言うから、じゃあ今日はここまで。
　また次の年、この紙だけ渡してこよう、お菓子だけもらって帰ろう、と経験を積みかさねていって、そしてそのうちみんなと遊べるようになるわけですよ。今できないのに無茶させて集団に入れても、「できない！」ってなってかわいそう。今のこの子はこれが限界。でも今これが限界だから将来もダメだとは絶対思わなかったですね。
　将来は人と一緒にいられて人の中で働ける子に育てるぞ、と思っていました。今日子ども会で遊べなかったことがダメだとは思いませんでした。一応あなたのお名前で来ているからね、と経験だけさせておいて、そのうち子ども会のお知らせきているよ、と行ったら「行く！　何時から？」になったから、「よしよし」と思っていた。じゃあいってらっしゃい、と送り出せばいい。数年がかりでそこまでもっていきました。

何年かがかりで一人で行って遊べるようになったわけですね。

子どもを尊重していますよね。

親がラクするためでもありますよ。無理矢理連れてって暴れてしょうがないから引き取りにきてくれとか面倒くさいし。

こよりさんの子育ってそうですよね。目標はきっぱりとあるんだけど、そこに至るステップではお子さんを尊重している。そして、最初に細かく手をかけておくと結局親子ともにあとでラクできるんですね。

・目標はサバイバル。そこに至るプロセスは等身大。
・最初に手をかけておくと後で親子ともラク。
・今できないことでも、何年かがかりでできるようになる。

11

身体に注目したのはなぜ？

まあそうやって「トマトやなすとして育てる」と決心してそれを実行されてきたこよりさんですが、栗本さんや岩永竜一郎先生や森嶋勉さんといった身体に注目している専門家もいなかったころから、つまり、発達障害と身体特性の問題がはっきりとわかっていなかったころから、とにかく発達の近道として「身体」に注目されていましたよね。それはなぜですか。

自分がすごく困ったからですね。

身体がうまく使えなくて困ったんですね、ご自身が。

はい。自分がこれだけ困ったんだからこの子たちも困るだろうな、と。

そして身体が不器用なのに、字を上手に書けとかコンパス上手に使えと言われても、ここだけ器用にしろと言われても無理だろうなあ、と。

目が見えていないのにここを見て書け、と言われても無理なのは自分の実感としてわかるから、まず

・ものを見ること
・歩くこと
・つかむこと

から始めようと思いました。

他のお母さんが公文とかリトミックとか連れて行っている間に、うちは田んぼのあぜ道を一緒に歩いて石拾って投げて、投げると落ちる、落ちると音がするとか、そういうことを教えていました。公文で一とか二とかやるより「田んぼにじゃばじゃば入るとぬれる」とか「蛙さんがいるけど近づくと逃げる」とかそういうのを親子で体験しました。

　そしてうちの子は弱視で目が悪かったんですけど「赤いものがあるでしょう？　あれは自動販売機で、あそこまで歩くとジュースのめるのよ」とか言ったりして、そうやって見る訓練、歩く訓練をしていました。

　ご自分の体験が生きているんですね。歩く、見る、そういう基本的な動作が難しくて苦労したという体験が。

　はい。私自身、よく転んだし、ぶつかったし、手をまっすぐに伸ばしてと言われてもわからなかった。手を上に伸ばせと言われて伸ばしても、ちゃんと伸びているかどうか、わからなかったんです。

田んぼに石を
落とすと音がする
ぽちゃっ
じゃばじゃば
入ると
ぬれる
カエルは
近づくと逃げる

今は自閉症の人にそういう、「自分の身体の動きが上手にモニターできない」という症状があるってわかってきたけれど、当時は当人も周囲の大人もわけわからなくて無駄に叱られたでしょうね。

だから、それをしっかりと教えようと思いました。

自動販売機を目指して歩き
KAFU
好きなジュースを選ぶ

・まず「ものを見ること」「歩くこと」「つかむこと」をしっかり教えよう。

12

マナーを教えるためにも身体に注目する

自分の体験があったから、手づかみで食べるのも、行儀が悪いというよりスプーンの感覚がわからないんだろうなと思って。

なるほど。手の延長としてのスプーンの先っぽと口の位置関係がわからないと、じれったくて手づかみで食べてしまいますね。最初に自閉の人の身体感覚の奇妙さに触れた本、『自閉っ子、こういう風にできてます！』の中でニキ・リンコさんと藤家寛子さんが「ラケットに球があたらない」っていうことを書いていますけれど、ラケットに球があたらないのと手づかみで食べちゃうのは同じ現象かもしれませんね。

だからおにぎりとか野菜スティックから始めたんですね。

スプーンなど
道具を使うのが
難しい

おにぎりや
スティックサラダの
ように
手で食べられる
ものから
はじめる

手づかみで食べられるものね。手づかみで食べてもお行儀悪くないし、道具を介するより手と口の関係がつかみやすいですね。

そこを通過しないとお箸までいかないから。それに、おじいちゃんおばあちゃんもキュウリなら手づかみで食べても許すし。「こうやってこうやると口に入る」っていうのがわかりやすいものから挑戦させました。

それってでも、こよりさんの介護の経験が活きているのではないですか。

そうですね。介護四人やってきて、その途上でおじいちゃんの育ってきた話とか聴くでしょ。そうすると今は食が細いけどこれなら食べるかな、とかおだんごみたいなのを作ったり。そうすると食べる意欲が出てきて元気になります。

意欲を出すのがうまいですよね。そしてすぐに発想が浮かぶ。観察から次の手はずに行くのがスムーズです。そこも本能。本能が大事。

そういう母としての本能は、本当はみんなとまでは言わなくても持っている人はたくさんいると思いますよ。でもしばしば、発達障害の支援の場って、生き物としての本性に反するようなことを説かれますよね。叱ってはいけないとか。我が子が危ないことしていたら叱りたくて当然だと思うんですけど、生き物として。

猫は仔猫が危ないことしていたら怒りますよ。猫パンチしたり首根っこかんだり。怒りたいときは怒っていいと思う。

本能を大脳皮質で止めちゃうんですよね。だから病んでいく。

・マナーが守れないときには、叱るより、守れるように身体を育ててあげるのが近道。
・親の本能を大脳皮質で止めないことが心の健康につながる。

13 目や手を鍛えるために親ができること

具体的に言うと、たとえば手先を器用にするために、お兄さんの方にはどういうことをやってみましたか？

手が弱いので手を使わせました。食べるのが好きなので、おばあちゃんたちのお料理にまぜてもらったりしました。孫やひ孫はかわいいから曲がったお団子でもほめてくれます。そうやって、手を器用にしていきました。

なるほど。弟さんの方は？

下の子は生き物が好きなんですね。生き物とか草とか石とかが好き。そして自閉っ子にありがちですが、小さいときはクレーンをしました。弱視という診断もあったし目も弱いからクレーンになってしまうんですね。

クレーンは目と関係があるんですか？

私はそう思いました。目と手が協調しない。だから照準を合わせて「これ」とかさせなかったんです。

たとえばまったく同じペットボトルが三本別々の位置に立っていて、それが「同じ」だと認識するのって結構高度な作業で、自分とペットボトルの距離感がわかっていないとそれが同じものだと認識できないわけです。

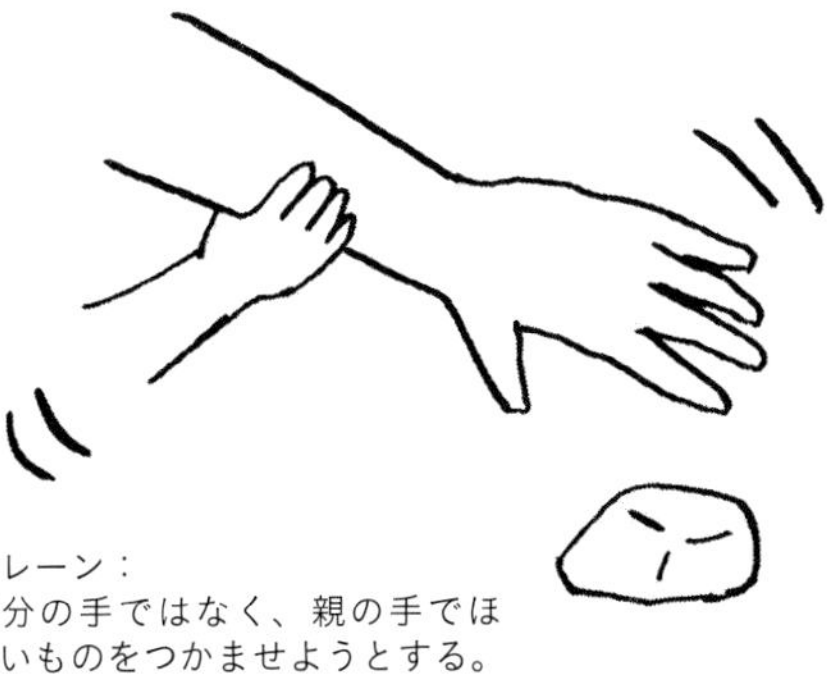

クレーン：
自分の手ではなく、親の手でほしいものをつかませようとする。

ふむふむ。そうね。だって遠くにあるものは小さく見えて、近くにあるものは大きく見える。それを「同じもの」と認識するためにはたしかに感覚が複合的に働いているわけですね。自閉っ子の場合、それが必ずしもできていない。
　視覚があって、しかも自分の身体感覚があって、それぞれのペットボトルとの距離感がはっきりわからないと、同じものとは認識できないかもしれない。

それだと命にかかわるんですね。たとえば遠くから走ってくる車とかに気をつけられない。

たしかに。遠くにいる車は小さい。でも近づくと大きくなって、轢かれたら危ないですよね。

だからここは治しておかなくてはいけません。

違うものに見える

治しておかないと、生死にかかわる。たしかに。そしてそのために何をしたんですか？

葉っぱを川に流したり。それを目で追わせたり。そうしたらどんどん小さくなっていくのがわかって、「距離」がわかるでしょ。あと生き物が好きなんで、カモとかがいたら興味があるわけです。それが泳いでいるのを目で追ったりとか。

車来るよと言っても小さい車があるだけと思っているから危ないとわからないんです。あそこにあるのは小さく見えるけど本当は大きいんだって教えないと命にかかわる。

サバンナのシマウマは、ライオンがすごく小さく見えるうちから逃げないと命にかかわる。距離感がつかめるかどうかは、生死にかかわりますね。

そう。要するに生かしておくというのが大目的なんです。私がママ業を引退したというと、いつまでも障害のある子の面倒みているお母さんたちから、子育て終わってさみしくないの？　ときかれるんですけど、終わらすためにやってきたんですからさみしいわけがないんです。

母としては隠居生活に入って、人間としてはこれから楽しい生活が待っているんですものね。

・生死にかかわる身体的な不器用さは治しておく。
・療育の場に限らず、日常生活の中でも治す工夫はできる。
・治しておくとあとがラク。

14

「様子を見ましょう」と言われたら見るべきところ

そうやって身体を整えていくところから始めて。最初は不器用さを治そうと、そこから始めて。お二方とも不器用だったんですね。「発達障害を治す」とか気負わず、まずそこから始めた。あと身辺自立。別に障害のラベリングがあってもなくても、そういう親として気になるところがなんとなくならされていくような工夫を生活上に取り入れることはできるんですね。手先を使うとか歩くとかよくものを見るとか。

療育センターとかに行くと「様子を見ましょう」と言われるらしいけど、べつにじーっと見ているだけでいいよ、と言われているわけじゃないのに、たぶんじーっと見ているだけの人が多いんでしょうね。私は「様子を見ましょう」って、まず睡眠・排泄・食事を整えることだと思います。ところが支援者はしばしば、偏食は放っといていいと言うでしょ。放っといていいわけがないですよ。

・「様子を見ましょう」と言われたら、まず睡眠・排泄・食事を整えてあげよう。

15
偏食は治そう。治るから

なぜ偏食は治さないといけないと思いますか？

偏食していたらみんなとご飯食べられないし、非常時食べられない。デートもつまんないでしょう。

ここでこよりさんのブログをご紹介させていただきますね。

『多病息災発達障害者こよりのブログ』二〇一五年七月二〇日の記事です。

＊　＊　＊　＊　＊

自閉っ子の偏食は治さなくていいって
主張してる方がいますが
口あけて突っ込む式の　矯正ではなくて
もっと　自然な形で　食べられるもの増やしておいたほうが、
人の輪の中に入るには絶対いいです。
二、三種類しか食べられるものがないって場合、
いつもそれを用意する人が　いなくなった場合とか
緊急時に　違うものしか　食べる物がない場合　命にかかわります。
「私が一生面倒見るからいいんです」って　言ってる方いますが
誰とでも過ごせるように　しておいた方が
その子の将来のためには　絶対いいです。

うちの　自閉っ子も小さい時は　偏食もすごかったし
私以外の人と過ごせませんでしたが
コツコツ訓練して　私以外の家族とも　過ごせるようにして
偏食も　食べる物少しずつ変化させて
数年単位で目標立てて　クリアしていきました。
私でもいまだに苦手なものあるんですが
昔より　いろんなもの食べられるようになったので
会食の時も　苦痛でないし
楽しく　お食事できます。うちの自閉っ子も同じ。
親がいなくても　生活できるようにしておくのが
最低限の　目標じゃないかなあ。
定型　非定型関係なくね。
偏食無くなった自閉っ子、
そのおかげで　毎日社員食堂でみなさんとお食事してます。
白米とうどんとしらたきで過ごしてた昔とは雲泥の差です。
偏食治せますからね。
こだわりに合わせた食事　一生続けるわけにいかないですよ。
うちの自閉っ子の修業の様子は

自閉っ子のための道徳入門の三章に書いてあります。

『自閉っ子のための道徳入門』

気になる方　ぜひ本買って読んでください。
くれぐれも　立ち読みしないでね。

＊　＊　＊　＊　＊

まあどうやって偏食治したかはたしかに前著に詳しいですが、今何が食べられるか見極めて、そこから広げていく感じですよね。偏食を治してはいけないという支援者の皆さんは、前時代的な矯正のやり方、つまり食べたくないものを無理やり口に詰め込むというイメージなのでしょうが、決してそういうやり方ではなく。

はい。今食べているものから広げていきます。いきなり食べられないものを食べろと言っても広がらないでしょ。うちの場合だと、白いものを食べるみたいでした。お豆腐とかご飯とか。だったらご飯の固さを変えてみたり、料理酒入れてみたり。昨日とちょっと違うものに仕上げると、味覚の幅が広がります。

味覚の幅は広がるけど、親としては手間かかりますよね。

手間はかかるけど、手間をかけてあげられるのは親元にいるうちだけでしょう。その間に広げておかないと。一生離乳食食べているわけにはいかないですからね。雛のうちは親がかみくだいてあげられる。でも自分でえさとってもらわなきゃ。本当に面倒くさいけど、今地震が起きて非常食配られて食べられなくて死んでも困るし。

だから、少しずつ変化をつけました。お出汁を変えたり、固さ変えたり。それでもだめならお茶碗だけでも変える。箸を変える。割り箸や塗り箸を使ってみたり。

パニック起こしませんか？

起こすけど、それで原因がわかるでしょ。そうしたらまた再チャレンジできる。もうちょっとスモールステップで、とかできる。とにかく、一応食卓には出すんです。それだけで「これも食べ物なんだよ」という学習にはなるでしょ。

自分が食べられないものを、人が食べているのを見るだけでも違うのか。

そうそう。興味を持つ時期がくるので。

思春期に変わる人もいますよ。

おなかすくしね。

それまで見ていただけのものも、食べるようになったりします。

そういえば、子どものころわさび漬けとか全く食べたくなかったですね。でも親が食べるのは見ていました。今は自分で買って食べたりするなあ。そういうののもっと極端な例かも。

一生面倒みるわけにいかないでしょ。でもお子さんに障害があると、一生みている人も多いですね。

それを前提の療育だもの。だからハムと卵だけしか食べない子にはとにかくハムと卵を出すのが支援、ということになる。

それは不便でしょ。なくなったらどうするの？　これは好きだけどこっちも食べられるという選択肢を増やしとかないと生き残っていけない。

究極は命をつなぐ。それが目標なんですね、あくまで。

そうなの。何かあっても生きていけるように。そのためには偏食も治した方がいいし、治りますよ。

・偏食は治した方がいいし、治る。
・親元にいるうちだからこそできる工夫がある（面倒でも）。

16

睡眠障害を克服するため親ができること

さて、じゃあ食事の次は睡眠の問題をおききします。睡眠障害は息子さんお二人ともあったんですよね。

どっちも寝ない子でした。寝られる身体じゃないんだな、と思いました。

そこがすごい。栗本さんの登場を待たずに、つまり睡眠できない身体特性を発達凸凹の人が持っているという知識が行き渡る前に、それがわかってしまったのがすごい。

自分が起きているのにみんなが寝ていたらつまらないだろうと思ってつきあって起きていました。そして、子どもが寝たときに仮眠を取っていました。

そこが母性ですね。

さみしくてかわいそうだなと思ったの？

寝られないのはつまらないと思って。本当は眠りたいのに眠れない状況で、熱もないんだからつらいでしょう。影響なさそうに見えるけど大変なんだろうな。つきあってあげないと、と思って。ちょっとでも寝られるように体勢変えたり。マットがあればそこに寝かしてあげたり。それでも眠れない夜は、散歩に出かけたり。

でも今はお二人ともフルタイムで働いていて。夜眠れないとお勤め行けないでしょ。

二人ともぐーすかぴーです。

どうしてそうなったんだろう。

やっぱり身体が整ってきたから。身体と食べ物。やっぱり整えられるところから整えていかないと。

でもよく、「寝られる身体に整えていく」という発想をする前に、焦って睡眠薬を導入しますよね。

そこでおかしくなるでしょ。小さいうちは親御さんの意思で薬が与えられます。でも大きくなって自分で手に入れられるようになると「薬ありき」になっていきます。でも『自閉っ子の心身をラクにしよう！』に書いたとおり、いくら薬を入れて寝ても身体は休まっていないんです。眠れる身体になって眠らないと休まらない。それでも眠れないことに対する恐怖があるとどうしても薬に頼ってしまう。

それでも眠れないお子さんを前に「この子たちは眠れる身体になってない。さみしいだろうからつきあう」という発想があって、そして食事の工夫をして、食べられるものが増えていくと身体が整っていきます。そうすると、眠れるようになります。

なんで食べられるものが増えると身体が整っていくんですか？　動けるようになるから？

そう。動けるようになると食べられるようになる。運動量が上がる。おなかがすく。疲れるようになる。そうすると眠れるようになる。眠れないのはそのサイクルのどこかが欠けている。このへんが欠けているのに水入れてもあふれるので少しずつ補修していく。

そうやって、快食快眠快便のサイクルが回り始めるんです。

こよりさんの場合、眠れないことに対する対症療法はしなかったのね。ただ、身体を整えてあげた。

薬は拒否しました。

でも身体を整えていってあげて、それで眠れる身体になったんですね。今は、栗本さんの本とか読んで眠れるようになってきた人が増えているけど、それを自力で探り当てたんですね。

・睡眠障害があるのなら、眠れる身体に整えてあげる。
・快食・快眠・快便のサイクルを作ろう。

17 自分自身の偏食は子どもが治してくれた

こよりさんの場合、療育の情報がなかったのがよかったのかも。逆に知識がありすぎると身体をみなくなりますから。

一応勉強しましたけどね。絵カードなんか作っていられるかと思いました。そんな暇ないし。

何しろ介護もあったし。

ＴＥＡＣＣＨの講座にも遠くまで出かけましたが、私はＴＥＡＣＣＨは定型文化の人が自閉文化の人に働きかけるために作ったもので、私と子どもは同じ文化だからいらないと思いました。

そしてその文化って身体ですよね。身体性の不便をお母さんが感じてきたから、「これは解消しとかないとまずいな」とかわかったんですよね。ご自身の偏食はどうなんですか。解消してきたんですか。やはり小さいころは食べられるものが限られていたということですよね。

煮た野菜と煮魚焼き魚くらいしか食べられませんでした。

まあ生きていけますよね、それだけ食べられたら。

生きていけるけど、田舎のおじいちゃんおばあちゃんちに行くとごちそうって刺身だったり。

ですね。

そして頑張って食べて、やっとすんだ！　と思うと喜んでおかわりくれたり。

親戚の人たちはね、若者がご飯食べるのは好きなのよ。

しかも妹はぱくぱく食べるんです。「おばちゃんおいしい」とか言って。定型の子だから。

私は「せっかく食べたのにおかわりがきたよ。これどうしたらいい」とか思って。

お刺身はごちそうですものね。晴れの日に出るごちそう。今もお刺身はだめですか？

今は好きなんです。

そうなんですか。どうして変わったんだろう？

子ども二人に乳やってたらなんでもかんでも食べて乳出さないとと思ってなんでも食べるようになりました。

じゃあそこまでは食べなかったの？

食べませんでした。上の子なんて四キロで生まれてきたからとにかくいっぱい母乳飲むし、下の子は母乳しか飲まないし。目の前にあるものはとにかく食べて乳出さないと。選んでいられなかったです。それで偏食が消えた。

じゃあお子さんが治してくれたんですね。

そうですね。本能ですね。私がなんでも食べないと子どもが死んでしまう、という。

うまいこと回りましたね。

・子育てで母親の発達の偏りが治ってしまうことも！

18

学校と社会の違いを踏まえておく

そして身辺自立はどうでしたか？　着替えだとか学校行く準備だとかに苦労されている方も多いですよね。

朝の準備はね、私も手伝うのは面倒くさかったし、朝はじいちゃんばあちゃんが「おーいおーい」と呼ぶからとにかく全部詰めて全部持っていきなさいと言いました。

でも通学するのは苦労なかったんですか？

上はね、仲のいい友だちのお兄ちゃんたちが面倒みてくれて、「体操服もってる？」とか確認してくれたりして。下は発達が遅かったから私が送迎していました。おじいちゃんたちにご飯食べさせて洗濯して、朝電話入れておいて車で連れて行ったりしました。

そうやって通い続けて。でも上のお子さんは思春期に学校に行けない時期があったんですよね。

学習障害で。知能は高いんですけど字が書けない。

いつわかったんですか？

十一歳のときです。

ちょうどわかるころですよね。

私はずっとおかしいと思っていたんですけど。

どこでおかしいと思いました？

とにかく、不器用。そして字を読めるのに書けないところ。なんかバランス悪いな～と思いました。

書けないのは小学校に入ったときからですか？

そうです。数字も1だか2だか3だか4だかわからないんですね。ミミズが這っているような数字。そして五年生でスパルタ先生に出会って、この子は何をきいても答える。なのに答案が書けないのはなぜですか、とスパルタ教育が始まって。

学習障害というコンセプトが知られていなかったころにはありがちな反応だったかも。教育現場で。

それで「学校イヤ」となって、行けなくなってしまったんですね。スパルタ先生は十回書けばわかる、とか言うんですけど、いや先生この子はそういうやり方ではだめなんです、と訴えて。算数なんかは教えられなくても問題解けるし、学校休んでいても解ける。だから先生は余計信じないんですよね。

だから、そういうところでは障害特性の理解は大事ですよね。とくに学校現場では、本当にわかっていても書けない子がいると知らせるのは大事ですよね。

まあそこで理解されず、そして不登校になりました。

中学校は？

半分行って、そこで体育祭があって、みんなですごいもの作り上げるぞっていう雰囲気のときに、足は遅いし、ボールは投げられないし、踊りは覚えられない。何もできない、といやになって、体育祭が終わったときに行けなくなりました。

そのまま中学は不登校のまま卒業し、高校は通信制に行きました。そうしたら通信制の高校には、戦争で学校に行けなかったおじいちゃんおばあちゃんとか、ぐれて中退したけどやはり高校行きたい人とかいて、「俺中学行ってないんだ」と言っても、「それで何?」みたいな雰囲気で、気楽に通えて。通信だから遅く書いても期日までに送ればいいので、それでやる気に火がついて、四年かかるところを三年で卒業しました。

すごいですね。

それでアルバイト行きながら大学も行ったんですけど、スクーリングで人がいっぱいのところがやはりだめで、中退してアルバイトに専念し、やがて正社員採用されて。

人がだめだっていうのは、人の中がだめなの? ひとごみがだめなの? 過敏性?

年配の人とはいいんです。同世代がダメ。

今の職場はどうなんですか?

色々な年代の人がいますけど、なんとなくうまく回っているようです。

お仕事だからうまく行く面もありますね。仕事が第一だから。職場では学習障害とか説明しているんですか?

本人が言いたくないと言いました。だから、自分は字が下手だから、伝票とか間違えると発注が一桁間違ったりするといけないから、そういう仕事ははずしてくださいと言っています。そのかわり身長も高くて力もあるので、高いところの仕事とか力仕事とかは人一倍やります、と。それと誰よりも早く出勤して、先輩達が前の日に残したたばこの吸い殻とか空き缶とか全部片付けて掃除して、本を読んだりスマホしたりして待っています。そして皆さんが出勤してくると「おはようございます」と迎えているみたいです。

それはとくにくどくど障害特性を説明しなくても、なんとなくウィンウィンの関係が成り立っているということですね。

そうです。本人は言いたくない。でも、いきなり字を書かされて会社に迷惑かけてもいけない。だから、「自分は字を書くのが下手だから間違いがあるといけないので、そういう仕事は外してください」と提案してごらん、と言ったらうまく行ったんです。

代替案を出すのがいいですね。

じゃないと「なんであいつだけ」が出てきちゃうでしょ。だから代わりに何かやることは申し出なさいとは教えたけど、一番早く出勤して掃除するのは自分でやり始めたことです。

助かりますよね。体育会の世界でもそう。挨拶とか掃除とか大事にされます。

障害者枠じゃなく働くっていうのはそういうことなんだと思いますね。一般枠だからね。そしてそこで自らやれるというのがご家庭の教育の賜物だっていう感じですね。

手塩にかけてきたでしょ。そういう子は変な風にならないですよ。

・学校と社会のサバイバル方法は違うことがある。
・どちらかを優先するとするならば、社会でのサバイバル。

19

書けない子を少しでも書けるようにするために親ができる工夫

学習障害に関しては、そうやって乗り切ってきたんですね。

でも最低自分の住所氏名くらいは書けないと困るから、指で宙に書かせました。こうやって大きく大きく。

それができたら紙に書かせて。それをだんだん小さくしていって。住所を書くのはもっと大変でした。最初は大きい紙。次はもう一回り小さい紙。そして最終的には小さい紙。

なんでそういうステップを踏んだんですか？　小さいところに書くのが大変だと思ったんですか？

小さいところに書くのは大変だし、やはりイメージとしてこういうものだとわかってないと書けないいんじゃないかな、とそれもカン。

指で書いた方が感覚的にわかりやすいです。そしてコントロールしやすい。

たしかに身体に響きますね、指で書くと。

縦、横の概念が身体でつかめるでしょ。しかも道具を使ってないからリアルに入ってくる。

色々な感覚の駆使ですね。固有覚（筋肉や筋・関節の動きを脳に伝える感覚。これによって自分の身体のモニターができている。発達障害児者の場合にはしばしばその認識が弱い）にも入ってくるし。

「うちの子字が書けない」とおっしゃるお母さんたちがいるから、左手で書いてもらいました。そうしたらげんなりしていました。でも指でなら左手で書けるんです。頭の中でわかっていても、うまく書けないってつらいんです。じれったいんです。それをお子さんに「十回書け」とか言っても、かわいそうだし効果がない。

学習障害のお子さんにはそうやって教えてきて、知的障害のあるお子さんにはわかりやすい教え方はしましたか？

・書字を覚えるためには、頭だけではなく身体も使う。

20

数の概念を教えるために親ができる工夫

数を教えるのに、これも「一」だしあれも「一」でしょ。小さくても「一」。大きくても「一」。ただ「一」と教えてもわかりっこないんです。

具体物で教えたんですね。

なんでも一個。わかってもわかんなくても、最初はなんでも一個、と教えました。お菓子もジュースも一個。重たいモノ持たせて、重たくても一個、軽くても一個。

なるほど。

人が一人いても一。よそのお母さんは「なんで十まで数えられないの」とかおっしゃいますが、そんなことどうでもいい。とにかく「一」をわかってもらわなきゃ。

まず一。一という概念を教えないと数字という概念がつかめないし、十まで数えられるわけがない。たしかに。

医者には字を一生書けないと言われたんですよね。でも好きなジュースとそうじゃないのはわかる。ということはわかっている。「何か」をわかっているんです。そこからでいいや。マークからでもいいや。たとえばスーパーの袋、ダイエーの袋を見せてイオンに行くと変な顔します。そしてダイエーに行くとにっこり。マークはわかっているんだな、とそこを手掛かりにしました。

「うちの子は字が読めない書けない、がーん」ではなく、「うちの子はこれがわかっている」、と思ってそこから始めました。

・知的障害があっても「何か」はわかっている。
・その「何か」を最大限活用する。

21

支援は使わなくても制度は活用する

字が書けないはずだったお子さんが高等養護のお受験を勝ち抜いて、会社員になって……本当に支援者の言ったことは当たっていませんでしたね。

よかったです。支援者がいないところで子育てして。

本能を全開できたでしょ。母としての本能を邪魔する支援者がいなかったから。そしてこよりさんのおうちは、支援は使わなかったけどそれでも制度は上手に利用したでしょ。たとえば、徹底的に就労向けの訓練を積んでくれる高等養護学校とか。倍率も高いんですよね。しかも今は知的障害のない子もいっぱい受験する。その中で、医者の予言通り字が書けなかったら高等養護お受験すらできませんでしたよね。なんでお受験すると決めたんですか？

本人の意思を尊重しました。子どもを連れて先生が見学に行ったんですね。そして普通の支援校と高等養護を見て、高等養護に行きたいと本人が言ったんです。「じゃあお勉強する？」ときくと「する」と答える。「じゃあ先生に頼んであげる」、ということで先生にもお願いしました。「合格するかどうかはともかく、本人がやる気を持ったので勉強を教えてください。本人が目標を持ったことを私はやらせたいから」、と。

どうしていいと思ったんでしょう、ご本人は。高等養護が。

みんなが生き生きしていたから。

ああそうか。就職目指して訓練する姿が素敵だったんでしょうね。

作業やったり体力づくりのため走ったり。それを見ていて楽しそうだからやりたい、と言ったんです。じゃあ頑張って受験しようね、と。

普通の支援校にも行ったんですけど、コインを種類別に分ける作業に参加したんですけど、普通のお子さんは一枚一枚より分けるのに、うちの子は両手で持って両手で分けたんですね。開校以来初めてだそうです。そうしたらそこの支援校の先生が、高等養護に受かると言ってくれて。

両手でコインを分けるって、どういう能力だろう。

マルチタスクな働きですよね。同時に二つの手でできた。そして対象を見る訓練ができていた。手と目の協調ができていた。修行の成果ですね。

手と目の協調か。じゃあ本当に、田んぼのあぜ道を自動販売機目指して歩いたり、川に何か流して目で追ったりとか、そういう修行が実を結んだんですね。本当にささいな修行。修行とも呼べないような親子遊び。そして高等養護受験や就労の場ではそういう能力が評価されるんですね。お医者さんが「一生字が読めないでしょう」と言ったお子さんに、工夫をして字を教えたところから始めて、高等養護のお受験を勝ち抜いて、そしてそれが就労につながった。今はとくに知的障害のない子がどんどん手帳取っているから競争も激しかったでしょ。

小さい時から診断がついて知的障害があるのはうちの子くらいでしたね。手帳取るのに苦労する子が多いくらいです。

でも可能性を見出したからそこにつなげられた。可能性を見出すのが上手ですね。

たとえば「うちの子、同じジュースなのに、ペットボトルのかたちが変わったらのまなくなった」と嘆いている人がいると不思議なんです。そこ困るところじゃないでしょ、と。だってのまなくなった、っていうことは、かたちの違いを認識しているんだから。

そういうのが字が読めるようになることにつながるわけですね。一見困ったところが。

困ったところにヒントがあるんです。

・子どもは支援者の予想を裏切る発達を見せることがある。
・進路は支援者の予測よりも本人の意思を尊重して選ぶ。
・親が困ったところにこそ発達のチャンスがある。

22

弱視も治った！
好奇心を持つことの強み

そういえばうちの子弱視もあったけど、弱視も治りましたね。

なんで？　目と手がつながったら見えるようになったんですか？

それもそうだけど、興味がつながったんでしょう。興味があるものを一生懸命見ようとしたんでしょう。

ＡＫＢ48とか？　ファンなんですよね？

それもそうだし、本を一生懸命読んだり、学校で何か作るときに一生懸命線を合わせようとしたりしているうちに、弱視は治りました。

そう。そういうことで目はよくなることもあります。興味を持つと人間の身体は発達していく。

そうなのか！　びっくり！　それが好奇心で発達するということか。弱視も治ってしまうとは知りませんでした。

こよりさんは「できそうだ」というところを見つけると、そこに働きかける。その働きかけが上手です。

字もね、カードで教える人が多いでしょ。でも不器用だからカードつかみにくいんですよ。

たしかに。私でもつかみにくいわ、カードって。

だからペットボトルのふたを使ったんです。これは滑り止めもついてる。

そのつかみやすさを見出す観察力がすごい。

字に興味があってもカードがつかめなかったらやる気なくなるでしょ。

たしかに。

ペットボトルの蓋を分けてもらって。ここに字を書きました。それを並べて言葉を作るうちに、字を覚えます。ペットボトルの蓋は、お金の計算にも使いましたよ。裏にコインが入るでしょ。これが全部入ったら30円。それを持って買い物に行くと、30円のチョコレートが買えます。こうやるとこの子の認知に合わせたやり方で数や文字が覚えられる。お兄ちゃんにやったらバカにされたでしょう。

トマトとなすは違うのね。

目が悪くても本当に興味があるものって見えちゃうんですよ。

そうなの。

興味があることをやっていると変わってくる。その観察が一番にできるのが親御さん、次が支援者。親御さんが大事なんです。

・興味があることをやっていると、身体も変わっていく。

23 学校との連携において親ができること

弟さんは学校の制度を上手に利用されたようですが、むしろ知的障害がないお兄さんの方が苦労されたのでしょうか、学校との交渉においては。

そうですね。知的に高かったから誤解されました。弟の方は明らかにできないことが多かったから、「こうすれば伝わります」と先生に伝授できました。そうすると先生が試してくれて、「たしかにお母さんの言う通り」ということになって。

　何か困ったことがあったら連絡帳か迎えにいったときにお話しして、とにかく先生はほめましたね。先生のおかげで助かっています、と。口うるさい先生は、逆に見てくれているということなので、そこをほめます。先生いつもありがとうございます。すみません、うちの子に挨拶教えてやってくれませんでしょうか、なんていうと「おはよう、おはよう」とあちらもご機嫌で教えてくれます。

うまいなあ。

無理な要求をされたときは、「先生のおっしゃることはもっともなんですけどうちの子まだそこまでいっていなくて。だから三学期に先生の言うレベルにしたいんです。まずはここから始めてもらいたいんですが」と持っていって、目標は共有していることを伝えました。

今はむしろ、逆のケースで悩んでいる親御さんが多いんじゃないのかなあ。子どもに無理な要求をする先生というより、支援級の子の未来を消化試合だと考えて教えるべきことも教えようとしない教師に対する不満の方が多いような気がします。それがいびつなかたちで「障害の理解」が広まった結果だとしたら悲しいことです。そのためにも「働きかけが功を奏した」こよりさんたちのケースをしっかりと世の中に伝えていかなくてはならないですね。やればできる子たちなので、そのために支援をしてください。究極の目標は生死なのだと、教育現場に訴えていかなくてはいけないですね。

・障害理解が進んでいないときには「無理やり頑張らせる」無理解があった。
・障害特性がそれなりに知られた今「伸びるところも伸ばさない」現状がある。
・支援者がどっちを向いているか見極めて希望を伝えるのも親の役目。
・これからは、「やればできる子たちである」ということを知らせる必要がある。

24

働きかけたからこそ引き出せる資質がある

子どもが眠れなかったとき、私は薬は拒否して、自力で睡眠障害に向き合いましたけど、完全に睡眠障害が治ったのは十歳ですね。それまでは眠りが浅くて、朝起きられませんでした。でも身体が整ったあとは、リレーで選手に選ばれるほど足が速くなって、跳び箱を何段も跳べるようになりました。支援の世界で超有名な先生が、「学校で跳び箱教えないでください、自閉症の子は跳べないんです」とかおっしゃるのですが、ウソを教えないでほしいです。うちの子は七段跳びます。

できることに着目するのがいいですね。

歩くのもおぼつかなかったお子さんがリレーの選手とか跳び箱とか。そこで喜ぶのってただの親バカじゃないですね。だって、本当に働きかけて発達してきた成果なのだから。

最初は歩けないから歩けるようにしなくては、とそこから始めました。次は階段が降りられるようになっておかないとなあと思いました。火事があっても階段降りられなかったら死んでしまうでしょ。

スーパーに行って階段の上にあるジュース販売機を指さして、「あそこでジュース買うよ」と言いました。

直接の目標を隠しているのがいいですね。

最初はのろのろとしか上がれなかったんですけど、階段が上手になると早くほしいから走ってあがるようになります。そうなるとすごく足が速くなって、高等養護で一番になりました。足が速いという資質に気づけました。歩けないからって放っておいたらこのことに気づけなかったと思います。

興味をひくのがうまいですよね。

そもそも、なんで発達障害の現場では「様子を見ましょう」という名の放置が流行ったんだろう。

観察ポイントがわからない人が支援に回るとそうみたいですね。

「この子が生き延びるためにはこのままではいけないんじゃないか」という親としての本能をもっと大事にすればいいのに。

ぶっちゃけて観察ポイントは「生きるか死ぬか」でしょ。

そう。

そこがないでしょ。理論になっちゃっているでしょ。でも身体みるとね、身体は「生きるか死ぬか」なんですよ。そして生きる以上は絶対に伸びてくるんです。

なるほど！

せっかく伸びるのを、理論で抑えたり、障害のレッテルを貼って抑えてしまうことがあるんですね。

だから支援が入っていない人がうまくいくことが多いんですね。支援や理論に邪魔されないと、親御さんが本来持っている力を存分に発揮できますものね。

でもそうやってよくなった人がいると、「最初から軽かったんだ」とかなんだかんだ文句つけられるのよね。

うちもよく言われますね。元から軽かったんでしょ、とか。でも自傷も睡眠障害もパニックもあったんだけど。

でも治ってしまったでしょ。一方で、病院通い続けてなんとかセンターでアドバイスもらってもずっと治らない人がいるでしょ。やっぱり本能に基づく子育てがうまくいくような気がしますね、見ていると。

動物の親は子ども育てるのが楽しそうでしょ。人間の方がつらそう。今手をかけておくとさーっと離れていく、っていう感覚がない人が多いですね。叱っていると将来家庭内暴力になるぞって脅かされたり。なんで自分の子を叱っていると家庭内暴力になるのかわけがわかりません。

親子の関係性でしょ。本来は第三者があれこれ言うことではない。

だけどお子さんに障害があって、普通の子育てではダメとなると、本来は第三者に過ぎない支援者がどかどかと乗り込んでくる。

そして、いくら知的に高くても問題行動があっても「叱ると家庭内暴力」とか言って、「様子を見ましょう」だとどんどん置いていかれる。

療育は療ばかりで「育てる」っていう発想に乏しいし、教育は教えるばかりで育てるっていう発想に乏しいのもよく目撃します。

・子育ては動物に学ぼう。
・最初に手をかけておくと離れていくのが理想の子育て。

25

子どものサインを見逃すな

理論ばかり頭に詰め込むと、観察ポイントがわからなくなるのかもしれませんね。うちの子は長い間自分の名前が言えなくて、よくおちゃぷーおちゃぷーと言っていたんです。なんか言っているぞ、と思って聴いていて、ああ自分のこと言ってるんだな、ってわかったんです。

自分がおちゃぷーだったのか。

そう。自分の名前が言えないんだな、と。だからおちゃぷーと言ったときに相手をしてやったら伸びたんです。「おちゃぷーちょころーぶ」とかいうのは「僕にチョコレートちょうだい」という意味。

言葉の発達していない子でも、造語がいっぱいあります。それを「この子すぐギャーギャー言う」で済ませているお母さんが多い。なんかお母さんに言っているんだろう、っていう発想がないからお母さんにわかってもらっていない。かわいそうです。

育児書に「子どもの目を見てあげましょう」とか書いてあるでしょ。それはじーっと目を見るんじゃなくて、泣いたら「おしめかな？　おなかすいたのかな？」とかそういうことでしょう。ところが言われたお母さんがじーっと子どもの目を見ていたり。それでは何もわからないですよね。それで育児相談に行く。そんなことから育児相談されると相談される方もいっぱいいっぱいになるのではないでしょうか。

ああそれで、当たり障りのない、でも役に立たないことしか言わない「死んだふり支援」が始まるのか。

あと、不思議なのは自分の外に絶対正解があると思っている人って多いですね。「おちゃぷーちょころーぶ」って言っているときに、自分のカンとしては「チョコレートちょうだい」だとわかっても、そういうカンをかえって排そうとする。専門家に多いかもしれないけど、カンが当たっているのにそれをいけないことみたいに思っている人もいる。

 とにかく「生きるか死ぬか」が基準です。そこからずれると子どもが見られない。生きるか死ぬかを見極める本能が大事。なのに本能を大事にしろということを案外言わないですね。

 いや、むしろお母さんたちは必死に殺していると思う、本能。その最たるものが支援者の人たちが親に言う「頑張らせてはいけません」だと思う。自分が生んだ子には頑張ってほしいに決まっているでしょ、親なら。これね、お話しすると涙するお母さん方おられますよ。どれだけ支援者に言われたこと必死に自分に言い聞かせて本当の気持ちを押し殺しているのかと切なくなります。

 修行すると後がラクですもん。二人とも働いていて余暇を楽しんでいて、いいですよ、うちの子たち。

・一見ワケのわからない子どもの行動にも意味がある。それを読み取る本能を大事にしよう！

26

労働観を早くから養う

そしてこよりさんのおうちは、療育センターとかそういう支援は使わなかったけど、社会制度はうまく使っているでしょ。逆に、支援ばかり探して制度についてよくわかっていない人もいますね。たとえば障害者枠の仕事って、障害者が優先的に採用してもらえると誤解している人もいるそうですね。ところが実際には、障害者枠の競争率もすごい。その点、就活前からよく調べたんでしょ？

ネットで調べたし、学校にもよく行きました。就職した先輩の話とか、親も行っていいというので聞きに行ったりしました。それを親子で聴いて話し合って、質問あったら先生にしてごらんとか。

じゃあ就職ということについて家庭内で話が弾んでいたのですね。

働くとはどういうことか、から始めました。お兄ちゃんもお父さんも働いている。お母さんも昔働いていた。自分のお金があるとうれしいよね。何もやることなくてずっとうちにいるとおじいちゃんおばあちゃんみたい。十八歳でその生活したい？　とか。「いや」と言うのでじゃあ頑張ってね、とか。

・労働観は家庭の中で養おう。

27

失敗を挫折にしないために親ができること

高等養護の倍率が高いとか、そもそも就労も倍率高いとか、そういう現実的なことも、ご本人は学校で知ったんでしょうか？　それでもびびらなかったのかな？

受けたいと言うから受けさせました。失敗して挫折感を抱いてしまったらどうするの、とかも言われましたが、挫折感？　そんなことでめげていたら人生乗り切れないでしょ、と思いました。生きていればそういう経験なんていくらでもあるから別に受験失敗しようといいじゃないですか。

でも、やっぱりそこで挫折感とか言っちゃう人がいるわけですね。

失敗したけどやれたよーっていうほうが自然だと思うんですけどね。動物だって一回でえさとれなくてもまた挑戦してとれたーとかそうやって育つでしょ。

挫折がだめで挑戦させてない人って結構多いと思いますよ。親が怖いのね。挫折が。

挫折を避けて育つのは変なプライド。「わかりません」が言えなくなったりします。

誤学習の始まりだな。

「失敗しちゃいけない」っていうのは誤学習ですね。親がその誤学習をして、恐れるあまり「この子はこれしかできない」って最初から挑戦させない。

その子がそれしかできないかどうかはその子自身が決めればいいですよね。

失敗しても次頑張ろうね、でいいと思います。

まあそうやって、現実の厳しさもご家族が教えていた。知っていた上で家族で準備を重ねてきて今があるのですね。

就労だって、優秀な子はもっと早く決まっていました。先生は頭抱えていましたからね。でも親の私は平気だったんです。あそこはあなたがいらなかった。他にはほしいところがあるかも。とにかく頑張っといで、と学校や実習に送り出しました。

息子さんはどういう反応でした？　就職試験に落ちたときは、落ち込みましたか？

お茶ほしいのにコーヒー出されてもいらんでしょ、と話しました。あそこはお茶がほしかったんだ、と。あんたがほしいところに行かなきゃだめなんだ、と。お茶にはなれないけどおいしいコーヒーになれる、というアピールをしようというたとえをしました。そうしたら「そうかあ」と言っていました。

それが自閉症の人の強みですよね。お子さんを励ましたそのお茶とコーヒーのたとえに関しても、普通の子は「そんなことねえよ」って反発しちゃって落ち込んじゃったりするかもしれません。それがなくてすとーんと腑に落ちて「そうか。僕はお茶じゃなくてコーヒーなんだ」って納得するのが自閉っ子の強み。そういう意味で、納得する力って自閉圏の人は強いんです。なのにみんな、世の道理を教えるのにそれを使わないのね。そこが不思議なの。それで何やるかっていうと、本人に働きかけせずに「あそこはコーヒーに理解がない」とかやるの。それで悲憤慷慨して支援したつもりになっているの。支援なら、本人に向かってすればいいのに、本人は蚊帳の外。

下の子にはお茶だのコーヒーだの言いましたけど、お兄ちゃんには「行きたいとこ行っといで」と履歴書の書き方だけ教えました。手伝ってほしければ言いなさい。あの子にお茶だのコーヒーだのは言わなかったですねえ。

一人一人に適したアドバイスですね。

お兄ちゃんの場合には自主性を尊重しました。ただ逃げ場だけは与えておきました。

そしてアルバイトから正社員へ昇格。入ってしまえば認められますよね。仕事さえできれば。入ってしまえば、仕事の質がすべて。

途中、後から入ってきた人に時給で追い抜かれたりしたんですけどね。そのときも仕組みを教えました。「会社は利益がなきゃ払えないんだよ。〝こいつに今の時給は安い〟と会社に思ってもらえる仕事をしてごらん」、と。

その通りなんですよね、社会って。そして、きちんと本当のことを教えていらっしゃる。そうするとすごく受け入れがいい人たちです、凸凹キッズは。

・失敗・挫折を恐れるのではなく、そこから立ち直れる力を養おう。

・そのために親ができることはある。それは、事実を伝えること。

28

療育につながらなくてよかった理由　まとめ

さて、ではそろそろなぜ、こよりさんの場合療育につながらなくてよかったのかまとめてみましょう。療育につながらなくてよかったのは

・本能を活かせた
・生死を基準にできた

のが良かったんではないでしょうか。

「親がいなくても生きていける、自分でえさを取れるようになるのが目標」という本能に基づく子育てができました。

支援者がいなかったから、誰にもそれを邪魔されなくてよかった。そして特筆すべきなのは、別にお金もだんなさまの理解も有り余るほどあったわけではないこと。

うち、なんにもなかったです。

しかもおうちにご高齢者が四人いらして、介護で療育に通う時間もなかった。こよりさんご自身持病があるし、体力の余裕もなかった。でも本能は全開できた。

お金も時間もないからビジョントレーニングは通えなかったけど、あの自販機まで行こう、と親子で歩けました。

そしてジュースのボタンは全部一緒だから、しっかり見ないと違うのが出てくるでしょ。違うのが出てきたときに絶対買い直しませんでした。「あんたが押したんだから」

と言い切る。コーラがほしかったのにオレンジジュースを押しちゃった～と泣こうがわめこうがそれを持って帰らせます。

そうすると一生懸命見ますよね、自動販売機のボタン。

ボタンは全部同じですからね。自分がほしいものを買うのには真剣になります。

上の子の場合は、パンに入っている粒がチョコだと思って買ったんですね。でも違ったんです。それで怒っている。

そういうとき、「チョコ」の字を示して、こういう字が書いてあるのがチョコなの。こっちはクリーム。そこで字を教えたんです。チョコがほしければチョコと書いてあるのを買え！　というと、子どもは真剣になりますよ。

子どもの利害に関することを教えると必死で覚えますよね。

・子育てとは、親自身の生存本能で子どもの生存本能を活性化させること。

・基準は生死。そこから外れた支援者の言うことには耳を傾けないのも一つの選択肢。

29

最低限の集団生活ができるようになる意義

そしてお友だちは無理して作らなかったけど、とにかく数年がかりで子ども会に参加できるよう作戦立てて、今はお子さんの交友関係はどうですか？

今はメールだのＬＩＮＥだのでお友だちと約束してお祭りに行ったりしていますね。

友だちは無理して作らなくていいけど、いずれお友だちにまぜるつもりだったんですか？

私が死んだあと困るでしょ、群れの中にいられないと。コミュニケーションは覚えておかなければいけないでしょ。ゆっくりゆっくりでいいから身につけていってもらおうと思っていました。

集団生活ができるためには早めに介入しなければ、と思います。でも、偏食治さないのと発想が同じで、集団が苦手だから最低限のつながりも作らない、という方針だともったいないですね。

そこで身体アプローチならあっさり集団作れたりしますよね。

そうなんです。一緒に身体動かすと、言葉以前のコミュニケーションが成り立ちます。でも指導に行ってもみんなバラバラでよそ向いていたりする。そこで集団遊びをするとぐっと場が盛り上がりますから、本当は集団作れるんですよ、知的障害が重くても自閉症が重くても。それが体操指導をしている者としての実感です。

最低限集団生活ができるようになってから一人を選ぶのならそれはそれでいいん

ですけどね。いざ大震災のとき、おにぎりもらえるだろうだから。

人間は集団動物だから。

群れに入れるかどうかも生きるか死ぬかですよね、考えてみれば。

だからうちの子たち、法事のときにはお酌して回りますよ。基本的に人嫌いだけど。

それは会社行ったりして覚えたことなんでしょうか。

それとおじいちゃんにくっついて歩いていたから、とっかかりがつかめるんですね。

こよりさんはご苦労なさったけど、おじいちゃんもお子さんにとってはありがたい存在でしたね。小さい時からもまれていたんですもんね。おじいちゃんおばあちゃんに。

あきらめなかったおかげで、お兄ちゃんも同年代苦手だけど会社の人間関係は公私ともにちゃんとこなしています。そして弟はパートのおばちゃんたちにかわいがられています。

集団にいられない子はいません。重度の子は無理とか支援者が勝手に思っているだけです。ちゃんと話も聞くし。

私自身、十八まで場面緘黙でした。家の中とごく親しい友だちだけとしかしゃべれなかった。

いつ治ったんですか？

就職してからです。就職したらやりたいことやらせてもらえるし、声出さないと仕事にならないので。

必死感と興味ですね。

ここはしゃべるべきところなんだなあ、と。

というかこよりさん、最初お会いした十年くらい前よりずっとしゃべるのが流ちょうになられましたよね。

進化しているんです。

ご自分が進化していらっしゃるから、お子さんたちも進化するとわかっていて、それで過度に悲観的にならずに済んだんでしょうね。それで苦手なこともこつこつ克服に導いてきたんでしょうね。だってね、苦手なことも頑張ってもらいたいというのは親の本能だと思うんですよ。それは追求していいんですね。

・最低限の集団生活は、生きていくために必要。
・障害があっても、最低限の集団生活はできる。
・大人になっても発達する。あきらめなくていい。

30 待つときは待つ 排泄の自立までのエピソード

たとえばうちは、排泄（大きい方）をトイレでできるようになるのが遅かったんです。パンツでしていた。そしてパンツでするからそれを始末しながら「うんちは？」ってきくと「パンツで」と答えるんです。だから「うんちはトイレだよ」と答えました。
何度も問いかけを繰り返しました。あるとき「うんちは？」ときくと「トイレで」と答えたんです。だんだん「うんちはトイレでするもの」と納得してきたと思うんです。でも納得してもできない。

そこで叱らなかったんですね。

叱ってもできませんから。ただ始末するだけです。そうしたらそのうちトイレでするようになりました。

どういうこと？　何が起きてトイレでできるようになったのでしょうか？
感覚が育ったんですね。身体の要求が育った。叱らなかったのはいいですね。

パンツでしたい要求があったんですね、身体に。そこで働きかけて待ったんですね。認識が結びついた。
おむつからパンツの認識は近いと思います。でもそこから飛躍しない。そこで繰り返し問いかけられて答えるようになって、「そうか、トイレかあ」という発想が出てくる。身体が育っていないと、そこに時間がかかります。言葉との結びつきに時間がかかります。そこで焦ってもだめ。

パンツの中にしても、浣腸とかじゃなく、「自分でしたい」感覚は育っていたわけです。それは大事にしたかったんですね。

そして不快感がわかってくるとトイレでしたくなる。

そうかあ。不快感があるから人間はトイレを作ったんだものね。

快不快は身体感覚です。それと、足腰の動きが変わってくると排泄はうまくいきますね。親の働きかけで身体の育ちは違うし、排泄も変わりますよ。

ところがね、またそういうこと言うと「親にプレッシャーかかることになる」とかクレームがきたりするのよ。変なことに気を遣わないといけない世界なの、療育の世界って。そういう点では、思ったこと言えない支援者もかわいそうなのかもしれません。

でもね、本能がないから頭でっかちになるんですよ。そして子どもの快不快を見るって本能でしょ。おむつよりトイレの方が快感であるという感覚が育ってないうちは待つ。そして子どもの身体を育てる。そこでありがちなのは、周囲が「おむつでいい」と思ってしまうこと。そうしたら、そこでなれちゃう。

うちは布おむつだったから快不快が育ちやすかったかも。でもそれも言っちゃイケナイんですよね。

そう。布おむつだったからよかった、とかいうとまた「紙おむつで親がラクをしてはいけないのか！」って騒ぐ人がいるのよ。でもたしかに、最初にスイートスポットの狭いお子さんだから発達の問題があるかも、と思ったのも布おむつと紙おむつのギャップがきっかけでしたね。

今後超早期に――それこそ寝返りとかおむつへの反応とかで――発達の遅れ、凸凹がわかるとか、そういう知識が行き渡ってくると思います。それでも「うちの子に遅れはない」と認めたくないという否認は必ず入る。

遅れがあったって、治りますし育ちます。それがわかれば否認しなくていいのに。

こよりさんは最初から治ると思ったんですか？

だって私も変わったから。この子たちだって今はこうだけど明日はどうかわからない。

　一年後、二年後、三年後。どうなっているかわからない。ましてやわが子とは言え、私と違う人なんだからどうなるかわからない。

一生こうだからとか、この子は寝返りが変だからだめだとか思わなかったんですか？

全然思わないですね。だから取り組めた。だからこそ、一生治らないと言ってほしくないですね、支援者の人には。

・待たなければいけないときはある。
・支援者には「一生治らない」と言ってほしくない。その言葉こそが、親の障害受容を難しくしている。

31

療育機関ではなく、生活が発達援助の場だった

それに私は「多病息災」で、持病が二ケタあります。うつもあります。それで神田橋條治先生のところにも診ていただきに行ったんですが、先生がすごいなと思ったのは、他の精神科のお医者さんと違って、一切「休みなさい」とおっしゃらなかったんですね。言っても無駄だとわかったんでしょう。実際、休めない。

そうですよね〜。

お金もない、時間もない、ないないづくしですから。それでも自分のことも大事にしたかったから、五分でもいいから自分の時間を持つようにしていました。

いいね、いいね。

忙しくても寝る前に五分だけ本を読む。おいしいお菓子やコーヒーを楽しむ。それで今日はこれが楽しかった、と寝られるようにする。

そうすると二、三時間後におじいちゃんが「おーい」と呼ぶわけですが。そしておじいちゃんを寝かすとおばあちゃんが「おーい」。

そういう生活を二十数年続けていらしたんだ。

でも「この五分を楽しむんだ。いくら疲れていてもこの五分だけ楽しい思いをして寝るんだ」という毎日でした。でも今は四人看取って、男三人働きに行って、一日じゅう好きにしていいんですよ。ぜいたく〜。

メールいただきましたよね。嫁いで初めて一人になった日。お義父さまを見送られて皆さんが会社に行ったあと。嫁いで初めて家の中で一人になった、と。すごい世界だなと思いました。ただただ尊敬の念しかありませんでした。自分が世話しなきゃいけない誰かがつねにいた状態。その中でお二人のお子さんをこれだけ孝行息子に育てたってすごいと思います。

あら、でも昔の人は五人も六人も育てたんですからね。

昔の人風の生活は自閉の人を生かしただろうと思います。

女の一生とか決まっていた時代。ラクだったでしょうね。

そういう発想なかったけど面白いですね。

繰り返しになりますが、だからアインシュタイン・エジソン方面より「きっちり義務を果たせる凡人」の方が間口広いと思うんだけど、今、主婦でもなんかやんなきゃいけないような時代でしょ。美魔女になったり造花作ったりしなきゃいけないみたい、主婦も。

なんにもしてないと焦っている人もいますね。よくわかんないけど

家族が生きていたらそれだけで十分なのに。

時間がありすぎるんだと思います。うちはほとんどできあいのもの買わないし。できあいのもの買っていたら、なんか栄養素足りなくなるんじゃないですかね。うちの子、偏食がきつかったときには出汁が貴重なタンパク源でした。

日本食ってもともとタンパク源が乏しい中で、出汁って貴重だったでしょうね。

うちなんか山だから昔は昆布もないし、鰹節も高いし。豆で出汁とっていた時代

もあったそうですよ。

ああ、豆もいい出汁とれそうですね。ところが今、出汁とるといいらしいって言うだけで怒る人がいたり。別にとってもとらなくてもいいと思うんですが、とるといいことあるよ、というだけでもクレームが来たりするみたいです。そういう中で支援者の人たちも委縮してしまっているのかな。だから保護者の中で「一番いじけそうな人」の神経を逆なでしないことが発言の基準になってしまっているのかな。でも、支援者の人にもっと正直な考えを堂々と話してもらいたいですね。支援者の役目は親に攻撃されないことではなく、発達の偏りのある子を健やかに育てることのはずなんだから。

たとえば、食育への意識は一般の子育てでは大事にされているでしょう。そうやって学校給食なんて、私たちの時代よりずっと優れたものになってきたでしょう。だけど凸凹キッズの親御さんにだけは「食事は大事」とか言ってはいけないみたい。その結果、子どもの将来はどうなんでしょうね。

・発達援助の方法や場は、日々の生活の中にある。
・支援者は様々な理由で、それを言えないことがある。

32

親御さんの快不快を大切に

療育機関なんて通う暇なかったし、通えなくてよかったです。小学校入って「療育機関に行っていました」と言う人を見ると全然子どもが生き生きしていないんですから。できないことが多くって。なのにお母さん頭でっかちで、TEACCHがどうのABAがどうの。

理論は駆使するんだけど、こよりさんの目から見てまるで効果が見えないわけですよね。

手づかみで食べているんですもの。うちの子はへただけどお箸使えるようにしたのに。ここにあるものを口に運ぶのがこの子にとっては大仕事だって見極めて、野菜スティックから始めたのに。

その発想がすごいです。私は最初、わからなかったですもの。成人の当事者の人たちがお箸を使うのが重労働とか言うのを聞いても。

快不快がわからない人は頭でっかちになってしまいます。

親御さん自身の身体の快不快のことですね。

はい。頭に血が行っていると、身体が休められないんですね。だから、休める状態を作るんです。

どうやって？

周囲の環境から配慮するといいですね。のんびりできる環境が必要です。それとカンタンなこと、たとえばとりあえず足上げて寝るとか目を温めるとか、そうやって工夫していくと心身が休まっていきます。
快不快が大事、っていうと快不快がわからないことにこだわる人もいるんですが、気持ちが落ち着くことを見つけてやってみるといいですね。たとえば目を温めて身体の感じを味わう。ほっとした感じや静かな感じ、そのような弛む感じを味わってほしいんです。全部頭で処理すると、力が抜けないから。

全部頭で考えついたことってだいたい的はずれなんですよね。快不快って、難し

仰向けで
足を上げる

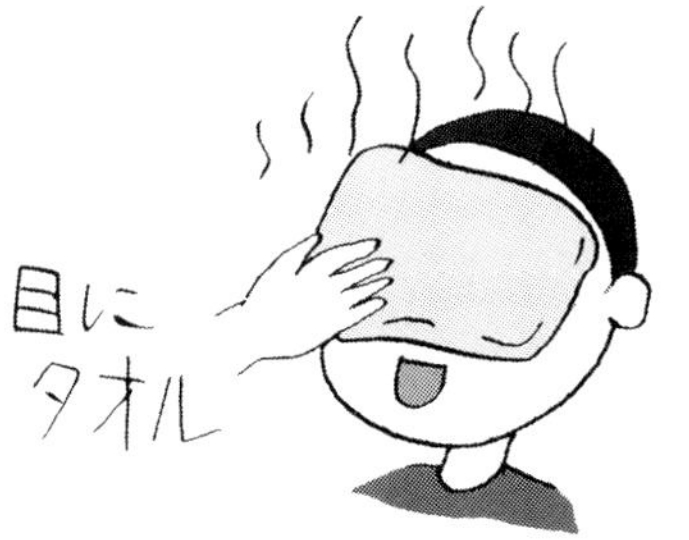
目に
タオル

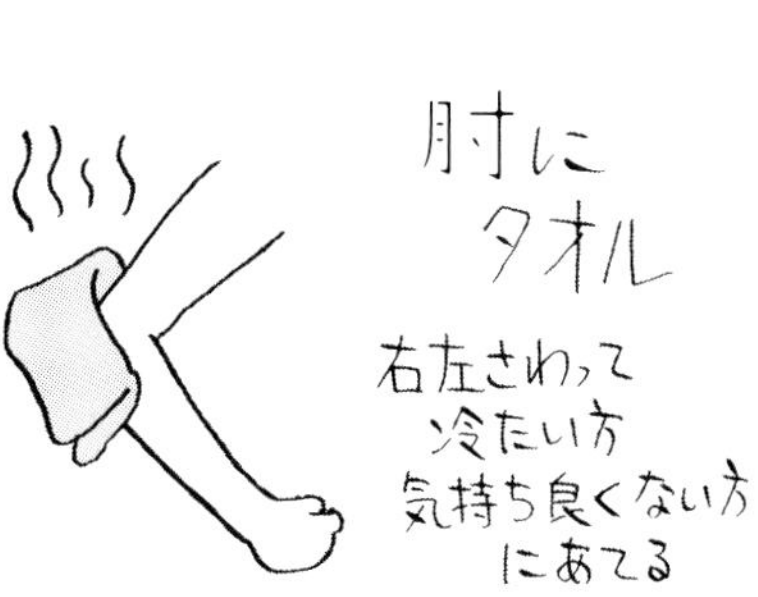
肘に
タオル
右左さわって
冷たい方
気持ち良くない方
にあてる

い人には難しいみたいだけど。

ちょっとの刺激で身体を感じることからやるといいんですよ。ホットタオルで目を温めると、それだけで弛みます。緊張が走っている人が多いんですけどね。呼吸も浅くなっているし。

まあ栗本さんの提唱する養生については、栗本さんの著書を読んでいただくことにして（宣伝）。身体をラクにすると効果的な発想がわいてくるのは、たぶん支援者の人たちも同じですよね。

・親御さんの身体をラクにすると、効果的な発想がわいてくる。
・支援者の人たちもたぶん同じ。

33

答えは自分の中にある

でもお母さんたちの身体が緊張して自分の快不快を無視してしまうほど、それだけ凸凹キッズ育てって大変な面もあるから、だからお料理とかそういうのでプレッシャーかけちゃいけない、という発想を支援者はしてきたんだと思いますが。

私はお料理も適当です。第一老人がいる間はこっちはとろみをつけないと、とかこっちは細かく刻まないと、とか老人食も作らなきゃいけないのでそんな手間暇かけていられなかったし。

療育につながらなくてよかったメリットがもう一つあるとすれば、そうやって日々忙しい中、自分でやり方を探ってきたことですね。誰かが答えを知っている、と最初から決めると正解探しにやっきになるけど、そうじゃなく、答えは自分の中にある、とわかっている。

たとえば、「字が書けないけどもうすぐ受験で困っている。どうすればいいの」というご相談を受けることがあります。でも字が書けないのなら、身体の使い方から下準備しておかないと。なんか、下ごしらえをせずにいきなり答えをほしがる人が多いですね。今からでも身体づくりをしておかないと、とお話しするのですが、受験が、受験が、とそればかりになるとなんにも解決しません。

繰り返しますが、「様子を見ましょう」は放置ではないんですよね。様子を見ましょう、っていうのは身体を見ること。それは睡眠・排泄・食事から。そこが整って初めて、字を書くとか数を数えるとかの課題に取り組める。

そして「あ、こっちに伸びてきたなあ」というときがきます。そうしたら、そっちに助けてあげる。

うちの上の子、不登校を一年半やりました。中学出てからもうちにいました。そしてそろそろかなあ、という様子を見て、「毎日家にいて楽しい？」ときいたら「俺、高校行くよ」と言ってパンフレット集め始めました。それで卒業できて。

そのときにはなんで動き出すと思ったんですか？

顔が違ってきたんです。

こよりさん相貌失認あるでしょ。人の顔覚えられないんですよね。でもお子さんの顔の違いはわかるのね。さすがお母さん。

「行きたくないぞ」の顔からなんか動きたがっている顔になったんです。それで、「行きたいのなら準備しないとね」と促しました。

それが様子を見るということですよね。水をやりましょうとか言ってマニュアルどおり一リットルとか言ってドバドバ上げすぎると人によっては根腐れします。

支援者にマニュアル埋め込まれないとうまくいく理由の一つがそれね。理論を覚えるより、子どもの様子をよく見ること。

まあそうやってお母さんにお小遣いをくれるようになって。布おむつしかできなかったお子さんが。

紙の札をくれるようになりました。

お母さんがやってきたことが通じていますね！

・答えは子どもと自分の中にある。それをよく探そう。理論は、探すための手助け。

34

子どもは親を見ている

不安はなかったですか？

不安？

不安ばかり抱えているお母さんが多いから。

それが自閉脳の優れたところですよ。不安を感じるほど想像力がないのよね。なんでうちだけ介護すべき高齢者が四人もいるのとか考えないんです。本当に、そういう強みを活かしてあげればいいのにと思います。女性が道を選べるようになった世の中の進歩は素晴らしいことだけれど、選べないなら選べないなりに幸せになる能力がある人もいる。

実は、おじいちゃんがいなくなって途方にくれたんですよね。天からの声がなくなった、みたいな感じで。楽隠居になったんだなあ、と思いつつ、夜中にぱっと起きて「あ、おじいちゃんのおむつ！」とか思って、それから思い出して「ああ、いないんだ。老人食も、もう作らなくていいんだ」とか。

もしかしたら、発達の偏りがあったことよりさんも、そうやって人のケアをすることが、不器用だったご自身の発達にも結びついていたのかもしれないですね。神田橋先生が休めばいいとおっしゃらなかったのはだからかも。そしてそこで苦労したことは、立派にお子さんたちの現在に結実しているかも。

子どもがおじいちゃんのまねをしてしゃべるんですよ。声が似ているから、そうやってなぐさめてくれているんだなあと思って。

そりゃ似ているよね、孫だもんね。

おじいちゃんの声で「今日の飯はまだか」とか。私がぼーっとしていると、動かそうと思っておじいちゃんのまねをしてくれる。

普通就職したての子が、お小遣いなんかくれないよなあ、と思っていたんですけど、こよりさんのお子さんたちは見てきたんですねえ、こよりさんの姿を。お母さんの苦労を見てきた。そして通じているんですねえ、お母さんの心が。

お子さんの心に。そして現在の在り方に。

終わりに

支援があれば支援があればという時代が続きました。
でも今わかってきたのは
良質な支援は本当に少ないということ。
支援につながっても
どうにもならないケースがあまりに多いこと。
でも、絶望することはありません。
ふと目を自分に向けてみれば
親にも子にも、もともと持っている力があるようです。

凸凹キッズを取り巻く人たち。

この子たちの身体を見てあげてください。
そして、親として、支援者として、一人の年長者として
生き物としての本能を大事にしてください。
親としての本能を駆使すると
子どもも本能の賢い子に育つのかもしれません。
そして本能が賢いということは
社会で生きていくのに役立ちます。

あとがきに代えて

なぜ身体アプローチが近道なのかわかってきたこと

浅見淳子

自閉圏の人たちと仕事をするようになってから私は、社会性や認知の障害を持っているとされる自閉圏の人たちに、身体的な問題がてんこ盛りであることに注目してきました。そして、身体感覚の不具合と、認知や社会性の問題は深くリンクしていることに気づきました。そのために、こういう問題に対応できる専門家を探し続け、本をどんどん書いていただきました。岩永竜一郎先生（作業療法士）、神田橋條治先生（精神科医）、長沼睦雄先生（精神科医）、愛甲修子先生（臨床心理士・言語聴覚士）、スポーツ指導者の森嶋勉さん、そして本書に参加していただいた栗本啓司さんです。

この方たちの実践で、みるみる読者の方が発達していくのを目撃してきた数年間でした。どうやら、身体アプローチが発達の近道だという私の「カン」は当たっていたようでした。そして後付けですが、なぜ近道なのかわかってきたのでこの本のあとがきに代えて書いておこうと思います。

当初より私は、ニキ・リンコさんや藤家寛子さんという一緒に仕事をするようになった自閉症当事者の方々の脳みそが「頭でっかち」だということに気づいていました。お二方とも学校時代は成績優秀。作家になるくらいですから言語感覚は優れています。要するに、お利口さんです。でも脳みその下の方はそれほどお利口さんではないみたいなのです。脳みその下の方——すなわち、生命維持にかかわる非常に原始的な部分、体温調節や自分の身体をモニターする力——にバグがあるようでした。その不具合を描写し、『自閉っ子、こういう風にできてます！』はベストセラーとなりました。そして多くの人が「そういう不具合があるのか」で納得されて、そこでおしまいでした。

でも私は違いました。「そういう不具合があるのなら何か打てる手はないのだろうか」と考え続けた十余年でした。その問題意識が、前述の諸先生方との出会いをもたらしてくれました。先生方の本を出し、読者の方々に効果が出るのを目撃する日々でした。

そうして長沼睦雄先生に『活かそう！ 発達障害脳』を書いていただいたとき、お母さんの胎内にいるときの脳の成り立ちを教えていただき、謎が解けました。

脳は（大雑把にいうと）ソフトクリームのように積みあがって発生するようです。

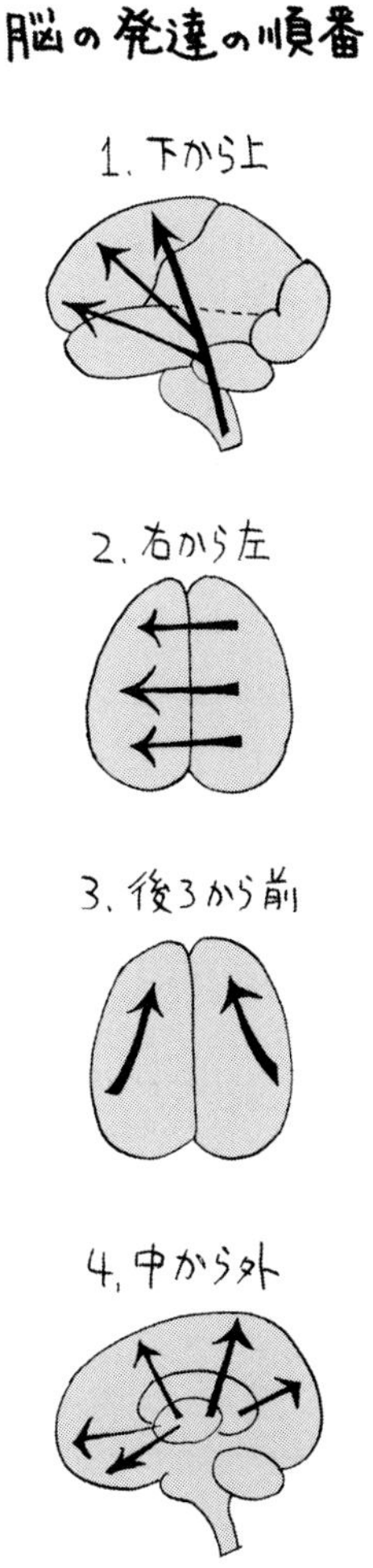

その経過が全て順調などということは、健常者とみなされている人を含め、稀なことでしょう。だから神田橋條治先生は「みんなみんな発達障害」とおっしゃったのでしょう。そして発達障害は、明らかに大脳皮質だけのバグではない。呈している症状から言って、もっともっと原始的な脳にバグがあるに違いない。ところが一般的に大脳皮質より上の問題だととらえられ、そこだけに働きかける療育が多くて、その結果成果が上がらず「治らない」ということにされてきた。その中で身体アプローチは珍しく、原始的な脳に働きかけるアプローチ。だから効果があるのだろうし、ここに働きかけたあとは大脳皮質に働きかけるアプローチも効果が出やすくなるのでしょう。

　本書の著者こよりさんは、お子さんたちが生まれた直後から母親としての本能でお子さんたちの「身体面での不器用さ」に着目し、「障害を治す」などと気負わず、「不便なところを不便でなくする」工夫を生活の中に取り入れてこられました。ものを見る、ものをつかむ、歩く、といった基本的な身体的動作を教えること、そして睡眠・排泄・食事、という基本的な体調を整えていくこと、その工夫のおかげでお子さんたちはたくましく世の中に羽ばたいていく力を培われました。

複数の持病、度重なる介護。どちらも（今のところ）私が個人的に体験していないことです。そういう数々の課題を抱えた日々の中、支援者の力も借りずに立派に二人の凸凹キッズを育て上げたことよりさんはつねに私の尊敬の対象でした。

その尊敬する方の著書が出せて版元としてとてもうれしく思います。皆さんのお役に立ちますように。

二〇一五年　十一月

脳の三層構造

眠れない夜——
親子で歩いた
あの日
あの道

今は遠い昔

著者紹介

こより 

高校卒業後、会社員を経て結婚。以降二十数年、四人の身内高齢者の介護に明け暮れる。その間、自身うつ病やリウマチを初めとする二桁に上る持病を抱え、アスペルガー症候群との診断も受ける。多忙な日々の中、学習障害の長男と自閉症の次男を育て上げ、現在は孝行息子二人からお小遣いをもらい、母として楽隠居の日々。「発達障害の子に早く手をかけておくとあとがラクになる」と伝える活動をしている。近年、本書登場の栗本啓司氏の指導により劇的な体調回復を経験する。夫と息子二人とともに愛知県在住。

＊　＊　＊　＊

ブログ　多病息災発達障害者こよりの日常
http://blog.goo.ne.jp/ocyapu-

〈聞き手〉

栗本啓司（くりもと・けいじ） 

障害児者の体操指導に長年携わる。からだ指導室あんじん主宰。著書に『自閉っ子の心身をラクにしよう！～睡眠・排泄・情緒の安定を目指して今日からできること～』、浅見淳子との共著に『芋づる式に治そう！～発達凸凹の人が今日からできること～』がある。神奈川県在住。

浅見淳子（あさみ・じゅんこ） 

編集者。株式会社花風社代表取締役。
異文化としての発達障害に興味を覚え、交流を楽しんでいる。発達障害者の抱える身体面と社会性・情緒面の困難性のつながりに早くから気づき、『自閉っ子シリーズ』をプロデュース。発達障害に関する啓発を続ける傍ら、当事者の抱える困難な症状を改善する方法はないかと模索し続け、書籍という形で優れた臨床家・実践家の知見を伝えてきた。神奈川県在住。

支援者《しえんしゃ》なくとも、自閉《じへい》っ子《こ》は育《そだ》つ

親子《おやこ》でラクになる！ 34のヒント

2015年12月17日　第一刷発行

著者　こより

装画・マンガ　小暮満寿雄

デザイン　土屋 光

発行人　浅見淳子

発行所　株式会社花風社

〒151-0053 東京都渋谷区代々木 2-18-5-4F

Tel：03-5352-0250　Fax：03-5352-0251

Email：mail@kafusha.com　URL：http://www.kafusha.com

印刷・製本　中央精版印刷株式会社

ISBN978-4-907725-95-2